**Zu diesem Fibelwerk gehören:**

Arbeitsheft 1 mit Übungen zur Sicherung der analysierten Lautzeichen und Laute

Arbeitsheft 2 mit Übungen zum sinnerfassenden Lesen und mit Zusatztexten

NEUE BUNTE SCHREIBWELT – Schreiblehrgang Druckschrift
Lehrerheft mit methodischen Anregungen

**Hinweis:**

Die mit versehenen Texte während des Leselehrgangs sind zum Vorlesen gedacht oder als Differenzierungsangebot für „Leser".

1. Auflage. 1990 1 3 2 1 92 91 90

Unveränderter Nachdruck.

Satz: Fotosatz Sporer KG, Augsburg
Druck und buchbinderische Verarbeitung: Ludwig Auer GmbH, Donauwörth
JSBN 3-403-0**1996**-9

# NEUE BUNTE LESEWELT

verfaßt von
Adelheid Auf'm Kolk
und Theodor Kuch
illustriert von
Bettina von Hayek



Verlag Ludwig Auer Donauwörth

·Schule·
Theodor Kuch-Schule

Blumen
RIEGEL
Zeitungen
LOTTO
Eis
Foto
Foto
POLIZEI
Wagen 12
Spielwaren
Dominik
D

Moni

# Ji

Tim

i m
J i
Mm

# Mm

komm Moni
komm Tim

Moni kommt mit Toni
Toni Toni
ein Auto kommt

Tt

o Moni
Otto ist im Auto
wo ist Tilo

# Oo

Zum Vorlesen:

**Wenn ein Auto kommt**

Wie es die Hühner machen,
das weißt du doch.
Sie müssen geschwind und unbedingt
auf die andere Seite noch.

Daß wir wie aufgeregte Hennen
blindlings über die Straße rennen,
kann's das bei uns geben? –
Nie im Leben!

Toni die Ampel ist 
wo ist Mama
ist Mama im 

# Aa

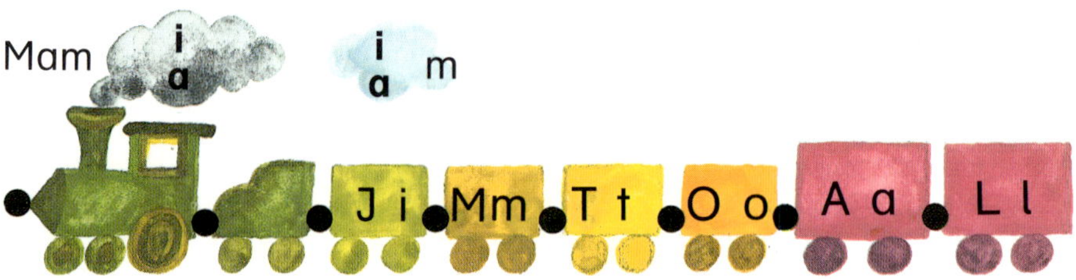

# Ll

Mama kommt mit Lilo
die Ampel ist 
Tilo will mit

Zum Vorlesen:

**Kennst du sie?**

Sie steht so still am Straßenrand,
lenkt den Verkehr ganz ohne Hand.

Der Polizist hat seine Not,
ihr helfen Farben: grün, gelb, rot.

Bei jedem Wetter brennt ihr Licht,
nur ohne Strom, da mag sie nicht.

Lilo tollt mit Toni.
So ein Salto, toll Toni!
Still, Tasso, still!
Toni tollt mit Lilo.
Toni toll, so ein Salto!
Tasso, still, still!

# Ss

Zum Vorlesen:

**Der Apfel**

Siehst du im Baum den Apfel
mit roten Backen glühn,
hoch an dem hohen Zweige
im allerhöchsten Grün?

Was will Tasso?
Was ist los?
Still, Willi ist am 

# Ww

Zum Vorlesen:

Der Gärtner hat ihn vergessen,
ach nein, vergessen kaum!
Er konnt ihn nur nicht brechen,
saß viel zu hoch im Baum.

Jna will 

Jna nimmt Nero mit.

Was will Nero?

# Nn

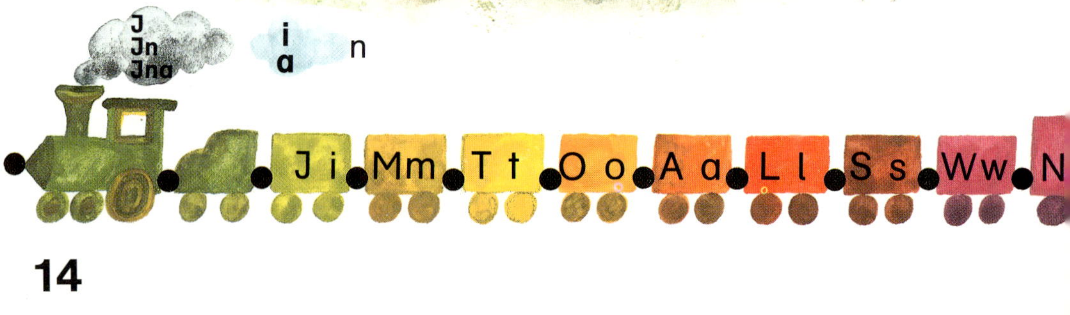

Tante Emmi kommt.
O Moni, nett!

# Ee

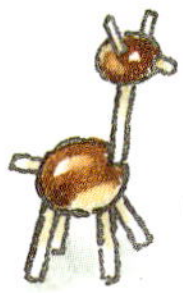 Jst es Monis Esel?

 Jst es Nero?

Zum Vorlesen:

**Die Kastanie**

So rund in der Hand,
so seidigfein!
Nichts in der Welt
kann schöner sein
als eine Kastanie,
frisch aus dem
Stachelmantel gezogen.

E e

# Rr

Toni rennt mit Tim.

Wer ist am 

Los, ins Tor!
Rollt er ins Tor?

# Uu

Wo ist unser Torwart?
Wo ist Uwe?
Nur Moni will ins Tor.
Nun ist Moni unser Torwart.

Zum Vorlesen:

**Die kleine Fußballmannschaft**

Wir spielen überall.
Es ist bei uns ein jeder
ganz groß am runden Ball
aus Gummi oder Leder.

Wir spielen hinterm Haus
und zwischen hohen Wänden.
Bei uns gibt es kein Aus,
nur Tore an den Enden.

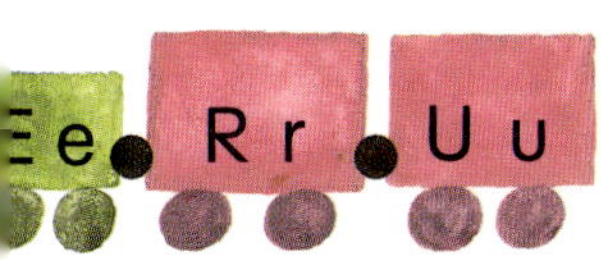

# Ralf ruft: Ein Unfall!
Wo ist ein Telefon?
Ruft sofort an:
Notruf 110!

# Ff

Zum Vorlesen:

**Notruftelefon**

Kein Geld einwerfen.
Nicht wählen.

① Hörer abnehmen.

② Hebel nach **rechts** bewegen,
bis Glocke ertönt.

**Nur** bei Besetztton
Hebel erneut bewegen.

③ Nach Aufforderung sprechen.

**Notruf** Polizei **110**

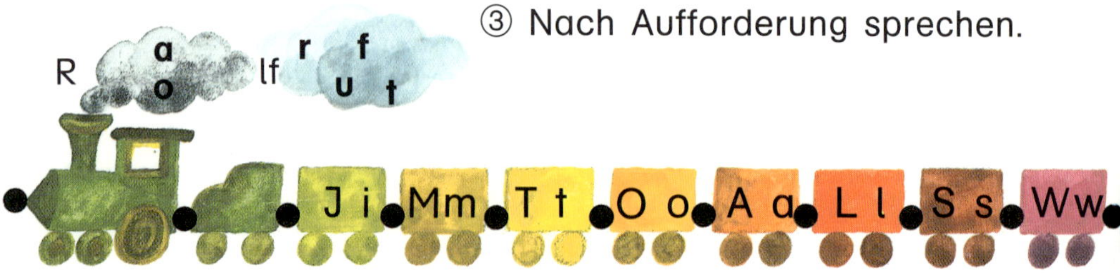

# Hh

Hallo, wer ruft an?
Es ist Hanni.
Holt Hans,
er soll ans Telefon.

Es regnet.
Wohin will Georg im Regen?
Was hat er an?
Wo ist Georgs Regenmantel?

# Gg

Jm Haus ist es still.
Georg lauert auf die Maus.
Sehen Georgs Augen ihr graues Fell?
Wann saust die Maus heraus?

# Au au

Zum Vorlesen:

Junge, was machst du da?
Stille, Vater,
ich fange Mäuse.
Hast du schon welche?

Ja, Vater, wenn ich diese habe,
auf die ich lauere,
und noch eine,
dann habe ich zwei.

Es ist Donnerstag.
Toni will Didi sehen.
„Das ist am Abend.
Wir wollen etwas anderes sehen!“

# Dd

Toni will nicht mehr fernsehen.
Er will noch etwas lesen.
Er macht das Licht an
und sucht das Lesebuch.

# ch

Zum Vorlesen:

Das Lesen, Kinder, macht Vergnügen,
Vorausgesetzt, daß man es kann.
Jn Straßenbahnen und in Zügen
Und auch zu Haus liest jedermann.
Wer lesen kann und Bücher hat,
Jst nie allein in Land und Stadt.
Ein Buch, das uns gefällt,
Hilft weiter durch die Welt.

## Nebel verhüllt die Welt

Jch schau in den weißen Nebel hinaus
und seh keinen Baum,
keinen Strauch und kein Haus,
kein Pferdchen am Wagen,
keinen Hund auf dem Platz,
keinen Vogel im Garten,
nicht mal einen Spatz.
Kein blauer Himmel,
keine Sonne rausguckt:
Der weiße Nebel hat alles verschluckt.

## Am Tage von Sankt Barbara

Am Tage von Sankt Barbara,
da geht das Jahr zur Neige.
Dann trag ins Haus, von fern und nah,
die kahlen Kirschbaumzweige!

Am Tage von Sankt Barbara
stell Zweige in die Zimmer!
Dann lacht zur Weihnacht, hier und da,
ein weißer Blütenschimmer.

**Niklausabend**

## Advent

Wir sagen euch an den lieben Advent.
Sehet, die erste Kerze brennt!
Wir sagen euch an eine heilige Zeit.
Machet dem Herrn die Wege bereit!
Freut euch, ihr Christen,
freuet euch sehr!
Schon ist nahe der Herr!

Wir sagen euch an den lieben Advent.
Sehet, die zweite Kerze brennt!
So nehmet euch eins um das andere an,
wie auch der Herr an uns getan!
Freut euch, ihr Christen,
freuet euch sehr!
Schon ist nahe der Herr!

Wir sagen euch an den lieben Advent.
Sehet, die dritte Kerze brennt!
Nun tragt eurer Güte hellen Schein
weit in die dunkle Welt hinein!
Freut euch, ihr Christen,
freuet euch sehr!
Schon ist nahe der Herr!

Wir sagen euch an den lieben Advent.
Sehet, die vierte Kerze brennt!
Gott selber wird kommen, er zögert nicht.
Auf, auf, ihr Herzen, werdet licht!
Freut euch, ihr Christen,
freuet euch sehr!
Schon ist nahe der Herr!

# Weihnachten

„Christkind ist da“,
sangen die Engel im Kreise
über der Krippe immerzu.

Der Esel sagte leise J-a
und der Ochse sein Muh.

Der Herr der Welten
ließ alles gelten.
Es dürfen auch nahen
ich und du.

## Die drei Spatzen

Jn einem leeren Haselstrauch,
da sitzen drei Spatzen, Bauch an Bauch.

Der Erich rechts und links der Franz
und mitten drin der freche Hans.

Sie haben die Augen zu, ganz zu,
und obendrüber, da schneit es, hu!

Sie rücken zusammen dicht an dicht.
So warm wie der Hans hat's niemand nicht.

Sie hören alle drei ihrer Herzlein Gepoch.
Und wenn sie nicht weg sind, so sitzen sie noch.

## A, a, a, der Winter, der ist da

E, e, e, er bringt uns Eis und Schnee!
Malt uns gar zum Zeitvertreiben
Blumen an die Fensterscheiben.
E, e, e, er bringt uns Eis und Schnee!

Toni ist der Kaufmann.
„Kinder, kommt und kauft!
Es gibt Kekse und Kuchen!“
Tim ruft: „Jch will Kaugummi!“
„Kaugummi sollst du nicht essen“,
sagt Jna.

# Kk

Was kannst du alles kaufen?

aufen

# Bb

Tim und Jna kommen.
Lest, was Jna kaufen will:

Brot
Butter
Bananen
Bonbons

Was ist gesund?

Zum Vorlesen:

Marmelade, Schokolade
kaufen Sie bei mir!
Groben Zucker, feinen Zucker,
alles gibt es hier!

Weiße Knöpfe, schwarze Knöpfe,
Bänder für die Schuh!
Garn und Faden gibt's im Laden,
greifen Sie nur zu!

Hurra, der Schnee ist da!
Schnell den Schlitten her
und hinaus in den Schnee.
Moni wirft den ersten Schneeball.
Schon beginnt die Schneeballschlacht.

# Sch
# sch

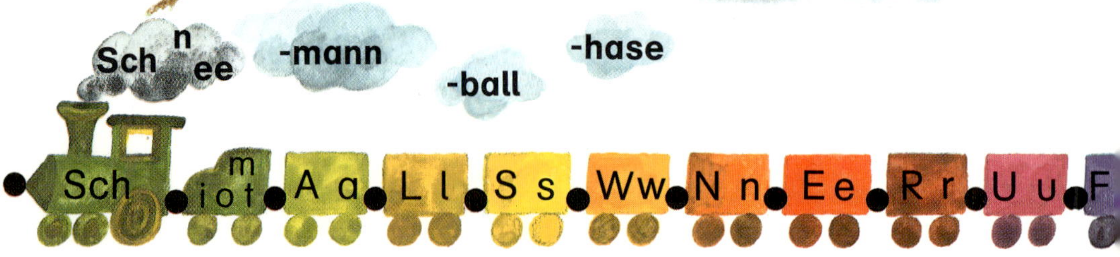

Es schneit nicht mehr.
Jm Sonnenschein ist es warm.
Schnee und Eis tauen.
Der Schneemann weicht auf.
Er wird immer kleiner.

# Ei
# ei

# Vv

Alles ist verschneit.
Kein Vogel soll verhungern!
Vater hat ein Vogelhaus gebaut.
Toni verteilt Sonnenblumenkerne.
Schon kommt der erste Vogel.

# Ö ö

Die Vögel suchen Futter.
Jm Vogelhaus sind genug Körner.
Finken mögen Körner.
Was können wir den Amseln geben?
Toni hat einen Meisenring.

Zum Vorlesen:

**Vorm Fenster**

Vorm Fenster ein feines:
„Piep, piep!"
Was ist das für ein Tönchen?
Ein kleines Bitteschönchen:
„Gib, gib!"

Die Finken, die Gimpel, die Meisen
oder wie sie heißen,
sagen so, klagen so.
Sie sind um jedes Körnchen froh.

**ie**

Es ist sehr kalt.
Die Tiere frieren und hungern.
Sie suchen Futter.
Es liegt oft unter dem Schnee.
Viel Futter finden sie nicht.

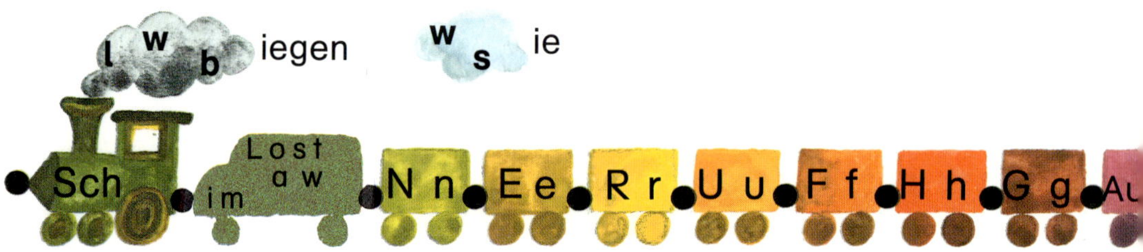

ß

Rate:

Wenn es regnet, ist es naß,
wenn es schneit, ist es weiß,
wenn es friert, ist es Eis.

Weißt du, wann man Wasser
im Sieb nach Hause tragen kann?

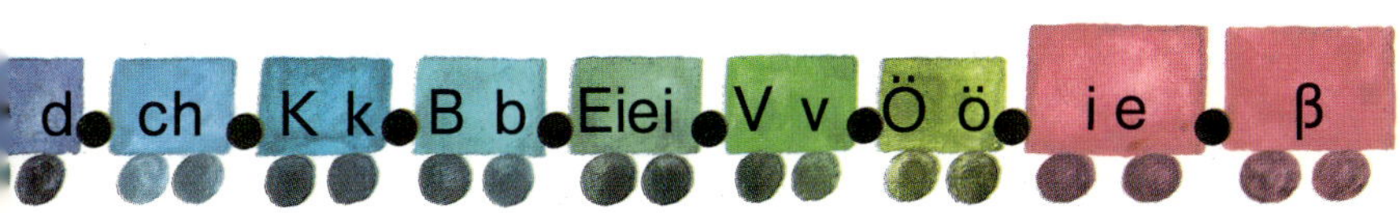

# Ü ü

Toni ißt gern Nüsse.
Oma hat Nüsse für ihn gekauft.
Sie sind in einer Tüte.
Die Nüsse müssen geöffnet werden.
Toni hat darin Übung.

Zum Vorlesen:

**Der Nußknacker**

Wer knackt die Nuß?
Nicht der Fritz, nicht der Franz.
Wer kriegt sie entzwei?
Der Nußknacker kann's!

# ck

Wie knackt man eine Nuß?
Nimm den Nußknacker.
Stecke ihm eine Nuß in den Mund.
Drücke fest auf den Hebel.
Die Schale geht in Stücke.
Laß dir den Kern schmecken!

Zum Vorlesen:

Gut, daß wir ihn haben,
den hölzernen Herrn.
Er zerbeißt die Schale
und schenkt uns den Kern.

# Pp

Toni möchte eine Ampel machen.
Ali will ein Auto ausschneiden.
Toni holt Papier und Pappe.
„Paß auf“, sagt er zu Ali,
„dein Auto muß an der Ampel stoppen!“

P a u ppe

K Sch T opf

# ng

Toni will ein Spiel basteln.
Opa bringt Papier und Pappe.
Toni möchte sofort anfangen.
Er strengt sich an.
Wird ihm das Spiel gelingen?

# St

Würfelspiel

# Sp

Spielregel:

Kommst du auf ein Bild, rücke zum entsprechenden Wort vor.

Kommst du auf ein Wort, rücke zum entsprechenden Bild zurück.

# Ää

Tilo will ein Märchen vorlesen.
Er sucht Hänsel und Gretel aus.
Da kommt Mutter und ruft:
„Wer will Äpfel essen?“
„Pst, das Märchen ist spannend!“

Die Kinder sitzen im Zimmer.
Sie fragen Opa: „Hast du Zeit?
Erzähle uns etwas von früher!“
Jna und Tim hören Opa zu.
Sogar Nero spitzt die Ohren.

**Zz**
**tz**

# Xx

Bin ich nicht eine tolle Hexe?
Wer bin ich wohl?
Bin ich Xaver oder Max?
Ratet fix!
Mein Name beginnt mit X.

# äu

Jna spielt eine Verkäuferin.
Ein Räuber schleicht sich an.
Wer ist es?
Jna erkennt ihn und lacht.
Schnell läuft der Räuber weg.

# Yy

Kommt und hört zu!
Tim und Jna spielen Flöte.
Es klingt schön.
Yvonne will Xylophon spielen.
Sie sucht ein Xylophon.

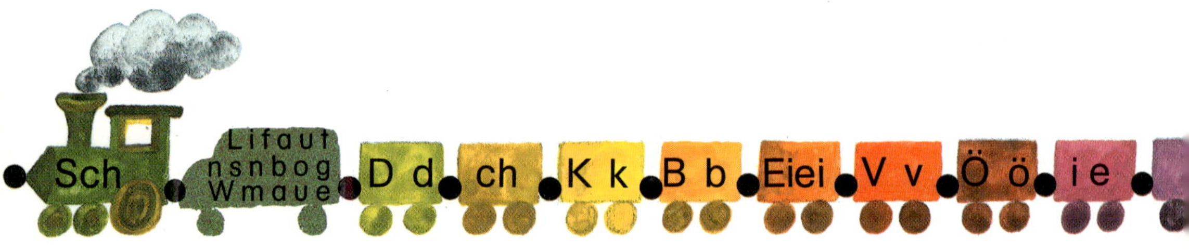

Tilo will auch Flöte spielen.
Er quält sich ab.
Die Töne klingen falsch.
Tilo ruft: „So ein Quatsch!
Jch muß fleißiger üben.“

# Qu
# qu

# Jj

Tim hat Geburtstag.
„Sieben Jahre bin ich alt“,
jubelt er.
Mutter antwortet:
„Sieben Jahre ist nicht alt,
sieben Jahre, das ist jung!“

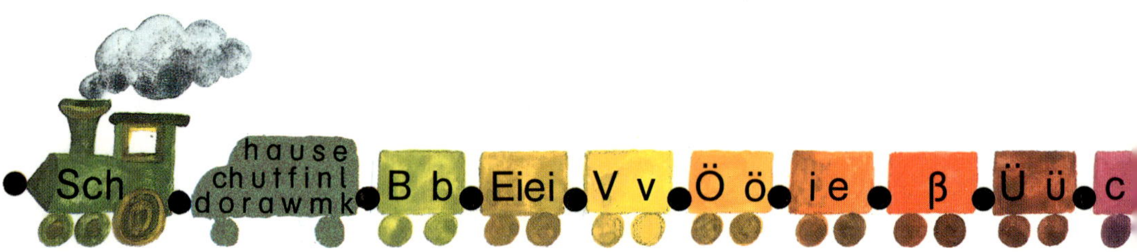

Oma und Opa kommen zu Besuch.
Sie bringen Geschenke mit.
Tim freut sich über die Eule.
Er ruft: „Jch danke euch!
Eure Eule nehme ich heute
mit ins Bett!“

# Eu
# eu

Heute feiern wir ein

B U C H S T A B E N F E S T.

Wir singen das ABC-Lied.
Wer kennt es?

# ABC

A B C D E F G H J J K L M N O P
Qu R S T U V W Das ist das gan - ze
X Yp - si - lon Z, juch - he!
A B C! Das ist das gan - ze A B C!

J
J
Qu
X
Y

## klein und Groß

Jch
bin
schon
sehr
groß,
denkt das kleine Mädchen.
Mein Brüderchen ist viel kleiner als ich.

Jch
bin
sehr
groß,
denkt der kleine Bruder.
Mein Hündchen ist viel kleiner als ich.

## Der kleine Angeber

„Jch weiß alles!" sagte Fränzchen,
„und nichts gibt's, was ich nicht kann:
lesen, schreiben, rechnen, schwimmen,
lenken eine Eisenbahn!"

„Hol mir schnell etwas vom Kaufmann!"
Mutter zu dem Franzel spricht.
„Was, zum Kaufmann soll ich gehen?
Mutter, nein, das kann ich nicht!"

## Toni am Morgen

Mit Seife putzt er die Zähne.
Mit dem Kamm wäscht er sich.
Mit der Zahnbürste kämmt er sich.
Mit dem Handtuch seift er sich ein.
Mit dem Wasser trocknet er sich ab.

## Wenn ich groß bin

Wenn ich groß bin,
brauche ich mich nicht zu waschen,
weil die Großen ja nie schmutzig sind.
Dafür pflanze ich in mein Zahnputzglas
eine Bananenpflanze
und lasse in der Badewanne ein Schiff
schwimmen,
und alle Seife der Welt
verkaufe ich.

## Gebete

Wie fröhlich bin ich aufgewacht,
wie hab' ich geschlafen sanft die Nacht!
Hab' Dank, im Himmel du Vater mein,
daß du hast wollen bei mir sein.
Nun sieh auf mich auch diesen Tag,
daß mir kein Leid geschehen mag.

Für Speis und Trank,
für's täglich Brot
wir danken dir, o Gott.

Herr, bleibe bei uns,
denn es will Abend werden,
und der Tag hat sich geneiget.

Müde bin ich, geh' zur Ruh,
schließe beide Äuglein zu.
Vater, laß die Augen dein
über meinem Bette sein!

Alle, die mir sind verwandt,
Gott, laß ruhn in deiner Hand!
Alle Menschen, groß und klein,
sollen dir empfohlen sein!

Kranken Herzen sende Ruh,
nasse Augen schließe zu!
Laß den Mond am Himmel stehn
und die stille Welt besehn.

## Wie die Uhren gehen

Die Uhren auf den Türmen,
die sind gar groß und schwer.
Sie gehn, und mag's auch stürmen,
ganz ruhig hin und her:
Tick – tack – tick – tack!

Die Uhren an den Wänden,
die gehen rascher schon
und wollen gar nicht enden
mit immer gleichem Ton:
Tick – tack – tick – tack – tick – tack – tick!

Die Uhren in den Taschen,
die werden nimmer müd.
Jm muntern Lauf, im raschen,
erklingt ihr leises Lied:
Ticke tacke, ticke tacke, ticke tacke, tick!

## Peter sammelt die Zeit

„Vater, gehst du mit mir angeln?"
„Keine Zeit, Peter."

„Mutti, spielst du mit mir?"
„Keine Zeit, Peter."

„Oma, erzählst du mir eine Geschichte?"
„Keine Zeit, Peter, später."

„Kein Mensch hat Zeit", sagt Peter,
„und dabei ist doch so viel Zeit da.
Aber die Erwachsenen haben keine Zeit
mehr."

„Ob ich auch keine Zeit mehr habe,
wenn ich erwachsen bin?"

Peter überlegt lange.
Er möchte gerne immer Zeit haben.

„Jch werde mir Zeit sammeln
und sie aufheben, bis ich groß bin."

## Zahnweh

Willi tut der linke Schneidezahn weh.
„Das kommt vom vielen Bonbonessen“,
sagt der Vater.
„Ach, Papa, das kann nicht ganz stimmen.
Jch esse doch mit allen Zähnen,
aber nur einer tut mir weh.“

## O, wäre ich krank!

O, wäre ich krank!
Dann müßte ich morgens nicht aufstehen.
Jch müßte nicht in die Schule gehen.
Jch müßte nicht lernen.
Jch könnte im Bett liegen bleiben!

Jetzt bin ich krank.
Der Kopf tut mir weh.
Die Stirn ist heiß.
Der Hals tut mir weh.
Jch darf nicht spielen.
Jch muß im Bett liegen bleiben.
Es ist so langweilig.
Ach, wäre ich gesund!

## Unser Gast

Er wohnt im Garten.
Sein Haus ist klein.
Es hat keine Fenster,
nur eine runde Tür.
Unser Gast pfeift und schwatzt.
Wer kann ihn verstehen?

## Frühling

Es ist wärmer geworden.
Die Sonne scheint länger.
Der Frühling ist gekommen.
Überall sehen wir Blumen.
Sie blühen weiß, blau, rot und gelb.
Viele Vögel sind wieder da.
Hört ihr sie pfeifen und singen?
Singt alle mit:
Alle Vögel sind schon da,
alle Vögel, alle.

Auf einem Gummi-Gummi-Berg,
da wohnt ein Gummi-Gummi-Zwerg,
der Gummi-Gummi-Zwerg
hat eine Gummi-Gummi-Frau,
die Gummi-Gummi-Frau
hat ein Gummi-Gummi-Kind,
das Gummi-Gummi-Kind
hat ein Gummi-Gummi-Kleid,
das Gummi-Gummi-Kleid
hat ein Gummi-Gummi-Loch,
und du bist es doch!

Mein Ball
zeigt, was er kann,

hüpft hoch

wie ein Mann,

dann hoch

wie eine Kuh,

dann hoch

wie ein Kalb,

dann hoch

wie eine Maus,

dann hoch wie eine Laus,

dann ruht er sich aus.

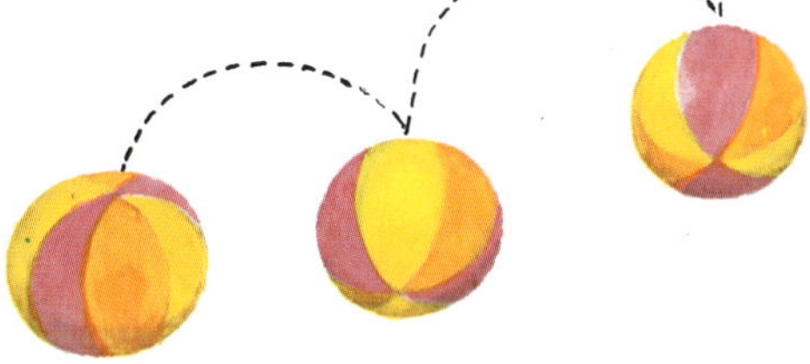

## Das böse Wort

Wie fing es an?
Wer ist schuld daran?
Du oder ich?
Oder das böse Wort?
Aber bitte, geh nicht fort!

Laß mich nicht allein!
Jch geb dir auch den Stein,
sogar meinen Jndianerhut,
aber bitte, sei wieder gut.

## Ali findet Freunde

Peter hat einen neuen Fußball.
Er geht mit Uli auf den Fußballplatz.
„Komm, wir schießen Tore!“ ruft Uli.
Peter versucht es und schießt vorbei.
Uli will den Ball in das Tor schießen,
aber das ist nicht so leicht.

Da kommt Ali, ein türkischer Junge.
Er wohnt erst seit einer Woche hier.
Ali möchte gern mitspielen,
aber er traut sich nicht zu fragen.

Uli sieht ihn und ruft:
„Willst du Tore schießen?“
Ali nickt und nimmt den Ball.
Dann schießt er – genau in das Tor.

„Tor! Tor!“ rufen Peter und Uli,
„Willst du immer mitspielen?“
„Ja!“ sagt Ali und freut sich.
Nun hat er neue Freunde gefunden.

## Meine liebe Mutter, du

Meine liebe Mutter, du,
ich will dir Blumen schenken.
Was ich dir sagen will dazu,
das kannst du dir schon denken.

Jch wünsch' dir Glück und Fröhlichkeit,
die Sonne soll dir lachen!
So gut ich kann und allezeit,
will ich dir Freude machen.

Denn Muttertage, das ist wahr,
die sind an allen Tagen.
Jch hab' dich lieb das ganze Jahr!
Das wollte ich dir sagen.

**Was uns angst macht**

Wenn der Himmel schwarz und dunkel ist,
wenn es donnert und blitzt,
wenn der Sturm an den Läden rüttelt
und die Kronen der Bäume schüttelt.

Wenn wir durch einen Wald spazieren
und plötzlich die Richtung verlieren,
wenn sich Riesen im Traum verstecken
und uns mitten in der Nacht wecken.

**Was uns die Angst nimmt**

Vater und Mutter und vertraute Gesichter,
im Dorf und in der Stadt die Lichter.
Die Sonne, die uns am Morgen weckt,
das Kätzchen, das sich in unsern Arm versteckt.
Jm Bett Teddybären und Puppen,
Sterne, die durchs Fenster gucken.
Bruder, Schwester, Neffen und Nichten
und in der Schule die schönen Geschichten.
Alles, was jeden Tag mit uns lebt,
und am Abend das Gutenachtgebet.

## Schreiben mit der Schreibmaschine

Es ist gar nicht so leicht,
mit der Schreibmaschine zu schreiben,
denkt Moni.

## Meine Mutter ist Sekretärin

Meine Mutter ist Sekretärin.
Sie kann viel besser schreiben als ich.
Sie tippt ja jeden Tag.
Jetzt geht es ihr ähnlich wie mir.
Sie muß wieder etwas Neues lernen.
Bald gibt es in ihrer Firma Computer.

## Der große Beißer

Er ist nicht faul,
hat ein riesiges Maul
mit eisernen Zähnen,
er kann auch gähnen,
er will immer mehr
und gibt's wieder her.

Jn den Boden beißt er
und beißt er
und beißt er
und beißt er
und beißt er
und beißt er
und beißt er
wie heißt er?

## Auf der Baustelle

Jn der Annastraße wird ein Haus gebaut.
Vor dem Bauplatz steht ein gelbes Schild:

> BAUSTELLE
> BETRETEN VERBOTEN!
> Eltern haften für ihre Kinder!

Aber Jürgen klettert in den Bau.
Er sieht nur kahle Mauern mit Leitungsrohren,
nur Hobelspäne, Schutt und leere Zementsäcke.
Es wird schon dunkel. Er will nach Hause gehen.
Draußen steht sein Bruder Christian.
Er fragt: „Hast du das Schild nicht gesehen?“
Jürgen sagt: „Diese Schrift kann ich nicht lesen!“
„So, so!“ sagt Christian. Er bückt sich.
Mit einem spitzen Stein schreibt er in den Sand:

Jch habe zwei Tafeln Schokolade.

„Gibst du mir eine davon?“ fragt Jürgen.

## Jn meinem Haus

Jn meinem Haus,
da wohne ich,
da schlafe ich,
da esse ich.
Und wenn du willst,
dann öffne ich
die Tür
und laß dich ein.

Jn meinem Haus,
da lache ich,
da weine ich,
da träume ich.
Und wenn ich will,
dann schließe ich
die Tür
und bin allein.

## Allein?

Wenn du allein auf dieser Erde lebtest,
dann gäbe es
keine Autos,
kein Kino,
kein Flugzeug,
keine Eisenbahn,
keine Häuser,
dann gäbe es
keinen Piloten,
keinen Maurer,
keinen Bäcker,
keinen Arzt.
Ob du es schön fändest auf dieser Erde?
Du kannst froh sein,
daß du nicht auf einer solch leeren Erde leben mußt!

Du lebst daheim
in deiner Familie,
mit Vater und Mutter.

## Jm Garten

Oma, Moni und Toni sind im Garten.
Die Kinder haben eigene Beete.
Moni hat nur Blumen gepflanzt,
Toni hat nur Radieschen gesät.

Doch jetzt schlüpft Moni durch die Büsche.
Sie sät heimlich Blumen in Tonis Beet.
Der merkt nichts davon, denn heimlich, heimlich
sät er gerade Radieschen in Monis Beet!
Moni lacht und flüstert Oma zu:
„Der wird staunen, der Toni!"
Und Toni zupft an Omas Jacke und flüstert:
„Die wird sich wundern, die Moni!"

## Der Regenbogen

Ein Regenbogen,
komm und schau:
rot und orange,
gelb, grün und blau.

So herrliche Farben
kann keiner bezahlen,
sie über den halben
Himmel zu malen.

Jhn malt die Sonne
mit goldener Hand
auf eine wandernde
Regenwand.

**Löwenzahn**

Löwenzahn, Löwenzahn,
wirst mich doch nicht beißen?
Hast noch keinem wehgetan,
willst ja nur so heißen!

Löwenzahn, Löwenzahn,
mit dem goldenen Kranze,
schaust hinauf zur Sonnenbahn,
blühst in ihrem Glanze.

Löwenzahn, Löwenzahn,
Licht im grünen Grase,
leuchtest auf dem Wiesenplan,
bis ich aus dich blase.

**Auf dem Spielplatz kannst du**

springen
laufen
klettern
rutschen
bauen
fangen
schaukeln
lachen
rufen
rennen

fröhlich sein!

## Auf der Wippe

Vater geht mit den Kindern auf den Spielplatz.
Moni ruft: „Komm, Vater, wir wippen."
Moni setzt sich auf die eine,
Vater auf die andere Seite,
und wupp – ist Moni hoch oben.
Moni will wippen,
aber das geht nicht.

Nun setzt sich Toni hinter Moni.
Vater ist noch zu schwer.
Da setzt sich Tim hinter Toni.
Sie können immer noch nicht wippen.
Jetzt nimmt Moni ihren Bären.
Siehe da – Vater geht hoch
und die Kinder hinunter:

auf und ab und auf und ab.

## Moni und ihr Fahrrad

An einem sonnigen Tag will Moni ihr Fahrrad streichen.
Sie nimmt leuchtend grüne Farbe. Da ruft Toni:
„So ein häßliches grasgrünes Fahrrad!
Nimm rote Farbe, die sieht viel schöner aus!“
Da holt Moni rote Farbe und streicht das Fahrrad rot.
Als Tim das sieht, sagt er:
„So ein Feuerwehrrad! Nimm lieber gelb.“
Das sieht Lilo und ruft:
„Bist du bei der Post? Blau mußt du nehmen!“
Da streicht Moni ihr Fahrrad blau.
Als Toni wieder kommt, sagt er:
„Du wolltest das Rad doch rot streichen!“
Da lacht Moni. Sie nimmt wieder die grasgrüne Farbe,
und es ist ihr egal, was die anderen sagen.

## Die Geschichte von der Dreh-Hops-Wipp-Tute-Maschine

Einmal haben die Leute den Keller aufgeräumt.
Sie haben lauter Sachen in den Hof gestellt:
eine alte Matratze, ein krummes Fahrrad,
ein langes Brett und ein rostiges Ofenrohr.
Da war gar kein Platz mehr im Hof.
Die Kinder konnten nicht mehr spielen.
Zuerst haben sie sich geärgert.
Aber dann haben sie gesagt:
„Wir bauen uns eine verrückte Maschine!“
Sie haben die Matratze auf die Erde gelegt,
und dann sind sie darauf herumgehopst.
Jetzt hatten sie eine Hops-Maschine.
Dann haben die Kinder das Fahrrad umgedreht.
Sie haben es neben die Matratze gestellt.
Sie sind gehopst und haben an den Rädern gedreht.
Jetzt hatten sie eine Dreh-Hops-Maschine!
Dann haben sie das Brett über die Matratze gelegt.
Mit dem Brett konnten sie wippen.
Jetzt hatten sie eine Dreh-Hops-Wipp-Maschine!
Dann haben sie das Ofenrohr geholt.
Sie haben durch das Ofenrohr getutet.
Jetzt hatten sie eine Dreh-Hops-Wipp-Tute-Maschine!
Alle Leute haben aus den Fenstern geguckt und gelacht.

## Evi will einen Hamster

Moni erzählt freudig ihrer Freundin Evi,
daß ihr Hamsterpärchen Junge hat.
Evi rennt sofort zu ihrer Mutter und bittet:
„Jch möchte auch einen kleinen Hamster haben."
„Meinetwegen", sagt die Mutter.
„Aber du mußt selbst für das Tier sorgen,
es füttern und den Käfig sauberhalten."
„Selbstverständlich", antwortet Evi.

Jn den ersten Tagen will Evi nur noch
mit ihrem Hamster spielen und ihn umsorgen.
Nach einigen Wochen vergißt Evi immer häufiger,
den Hamster zu füttern und den Käfig zu reinigen.
Sie denkt sich:
„Der Hamster braucht doch viel Pflege.
Jch gebe ihn wieder her."

**Vogel im Käfig**

Der Vogel im Käfig sagt:
„Jch weiß etwas Schönes!
Jch weiß etwas Schönes!"
Das Kind sagt:
„Was weißt du denn Schönes?"
Der Vogel sagt:
„Laß mich heraus!
Dann will ich's dir sagen."

Das Mädchen läßt den Vogel hinaus.
Da breitet er seine Flügel aus
und fliegt fröhlich empor.
„Hast du es nicht gewußt?
Ein Vogel, der fliegt,
ist etwas Schönes."

## Die Ente und der Fuchs

Ein Fuchs und eine Ente
machten eine Wette,
wer von den beiden
als erster den Tag ansagen würde.
Die Ente legte sich auf die Erde,
steckte den Kopf unter den Flügel
und schlief ein.
Der Fuchs wachte die ganze Nacht,
bis der Tag kam.
„He, Ente, Ente!“ rief der Fuchs.
„Der Tag ist da!“ schrie die Ente.
Die Ente hatte die Wette gewonnen,
denn sie hatte ja den Tag angesagt.

## Die Ameise und die Taube

Eine durstige Ameise kroch an einen Bach.
Da wurde sie von einer Welle erfaßt
und wäre beinahe ertrunken.
Eine Taube sah die Gefahr
und warf der Ameise einen Zweig zu.

Etwas später wollte ein Jäger
die Taube mit einem Netz fangen.
Schnell kroch die Ameise herbei
und biß den Jäger in den Fuß.
Der Jäger zuckte zusammen.
Er ließ das Netz fallen,
und die Taube flatterte davon.

## Jm Supermarkt

Peter soll für die Mutter einkaufen.
Er geht in das Geschäft gegenüber,
das ist ein Supermarkt.
Dort nimmt er einen Einkaufskorb.
Er legt viele Dinge hinein:
Butter, Brot, Milch und Eier.
Da entdeckt er die Süßigkeiten.
Die Schokolade ist billig!
Er bleibt stehen und überlegt:
Jm Korb ist noch Platz,
aber was wird Mutter sagen?

## Orangi-Saft

Moni, Toni und Lilo bekommen Durst.
Am Kiosk hängt eine verlockende Reklame
für Orangensaft.

Fabelhaft ist Orangi-Saft

Orangi – aus den besten Orangen der Natur
Orangi – der köstliche Saft, der jedem schmeckt
Orangi – sagenhaft fruchtig und erfrischend
Orangi – der Weltmeister im Durstlöschen
Orangi – in der praktischen Riesenflasche

Sofort kaufen sie diesen Saft.
Moni trinkt zuerst davon.
Sie verzieht ihr Gesicht und sagt:
„Jch habe schon besseren Orangensaft getrunken."
Lilo zeigt auf die Flasche und bemerkt:
„Da steht ja ‚gefärbt'! Muß denn
echter Orangensaft gefärbt werden?"
Für Toni bleibt kaum noch Saft übrig.
„Das mit der Riesenflasche stimmt auch nicht",
meint er beleidigt.
Enttäuscht werfen die Kinder
noch einen Blick auf die Reklame.

**Werner will baden**

Heute will die Sonne gar nicht scheinen;
es ist kalt und regnerisch.
Werner will aber baden.
Ganz traurig steht er am Ufer des Sees
und wartet auf die Sonne.
Als sie nicht kommt, sagt er zur Mutter:
„Jetzt bade ich eben ohne Sonne!“ –
„Nein, Werner, das geht nicht!“ sagt die Mutter.
„Es ist viel zu kalt zum Baden, da wirst du krank.“
Werner überlegt, was er tun soll.
Dann sagt er: „Mutter, ich bade jetzt.
Jch ziehe eben zwei Badehosen an!“

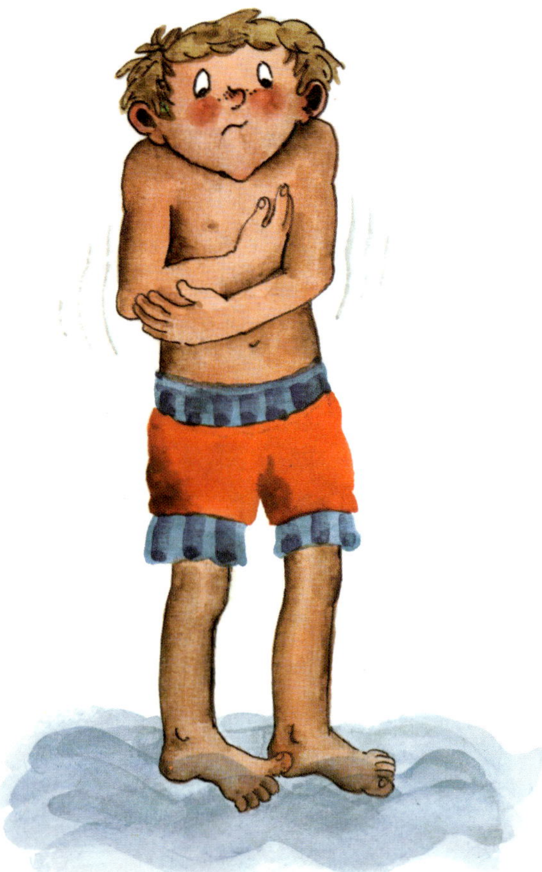

**Baderegeln – auch für dich!**

Lilo kann noch nicht schwimmen.
Toni hat ihr Baderegeln aufgeschrieben.

*Leg dich nicht stundenlang ungeschützt an die Sonne!*

*Geh nicht mit einem vollen oder leeren Magen ins Wasser!*

*Kühl dich immer ab, bevor du ins Wasser gehst!*

*Geh als Nichtschwimmer nur bis zur Brust ins Wasser!*

## Wenn wir fahren

Wenn wir fahren, rollen Räder,
rollen Räder immerfort.
Auto, Fahrrad, Eisenbahn
tragen uns von Ort zu Ort.
Auf den Straßen, auf den Schienen
rollen Räder durch die Stadt.
Wer war wohl der kluge Mann,
der das Rad erfunden hat.

## Die Geschichte vom lächelnden Bahnbeamten

Ein Mann hatte sehr schlechte Augen.
Aber nie setzte er seine Brille auf.
Er fand sich mit der Brille nicht schön genug.
Einmal wartete er im Bahnhof auf einen Zug.
„Hat der Zug Verspätung?“ fragte er einen Bahnbeamten.
Der lächelte freundlich.
Aber er gab dem Mann keine Antwort.
„Jch kann die Uhr nicht erkennen,
weil ich so schlechte Augen habe“, sagte der Mann.
Wieder lächelte der Bahnbeamte nur und sagte nichts.
„Das ist doch nicht zum Lachen!“ sagte der Mann.
„Also bitte: wieviel Uhr ist es?“
Der Bahnbeamte lächelte weiter.
„Haben Sie Grießbrei in den Ohren?“, fragte der Mann.
Der Bahnbeamte lächelte.
„Lachen Sie nicht so blöd!“ rief der Mann.
„Jch werde mich über Sie beschweren!“
Wütend lief der Mann ans Ende vom Bahnsteig.
Der Bahnbeamte lächelte hinter ihm her.
Er war nämlich ein Plakatbild.

**Pst!**

Leiser noch als leise
zieht die Nacht herauf.
Träume gehen auf die Reise,
Weltraumschiffe drehen Kreise,
und der Mond nimmt seinen Lauf,
leiser noch als leise.

## Die Reise zum Mond

Es lebte einmal ein kleiner Käfer.
Er war schon alt und etwas kurzsichtig.
Eines Abends beschloß er, zum Mond zu fliegen.
Jn großen Spiralen flog er ihm entgegen.
Nach einer Weile landete er.
Es war aber gar nicht der Mond,
sondern ein großer, gelber Apfel.
Dieser hing am obersten Ast eines Apfelbaumes.
Der Käfer wußte das natürlich nicht.
Er glaubte, auf dem richtigen Mond zu sein.
Lange wanderte er hin und her,
um etwas Jnteressantes zu entdecken.
Aber er fand nur ein paar Falten und Runzeln.
„Jch verstehe nicht,
warum man so gern auf den Mond will.
Er ist leer und vollkommen uninteressant.
Auf unserer Erde ist es viel, viel schöner",
brummte der Käfer.

**Die Sterntaler**

Es war einmal ein kleines Mädchen,
dem war Vater und Mutter gestorben,
und es war so arm, daß es kein
Kämmerchen mehr hatte, darin zu wohnen,
und kein Bettchen mehr, darin zu schlafen,
und endlich gar nichts mehr als die Kleider
auf dem Leib und ein Stückchen Brot in der Hand,
das ihm ein mitleidiges Herz geschenkt hatte.
Es war aber gut und fromm. Und weil es so
von aller Welt verlassen war, ging es
im Vertrauen auf den lieben Gott hinaus ins Feld.

Da begegnete ihm ein armer Mann, der sprach:
„Ach gib mir etwas zu essen, ich bin so hungrig."
Es reichte ihm das ganze Stückchen Brot und sagte:
„Gott segne dir's", und ging weiter.

Da kam ein Kind, das jammerte und sprach:
„Es friert mich so an meinem Kopf,
schenk mir etwas, womit ich ihn bedecken kann."
Da tat es seine Mütze ab und gab sie ihm.

Und als es noch eine Weile gegangen war, kam wieder ein Kind und hatte kein Leibchen an und fror: da gab es ihm seins; und noch weiter, da bat eins um ein Röcklein, das gab es auch von sich hin.

Endlich gelangte es in einen Wald, und es war schon dunkel geworden; da kam noch eins und bat um ein Hemdlein, und das fromme Mädchen dachte: Es ist dunkle Nacht, da sieht dich niemand, du kannst wohl dein Hemd weggeben, und zog das Hemd aus und gab es auch noch hin.

Und wie es so stand und gar nichts mehr hatte, fielen auf einmal die Sterne vom Himmel und waren lauter harte, blanke Taler: und obwohl es sein Hemdlein weggegeben, so hatte es ein neues an. Da sammelte es sich die Taler hinein und war reich für sein Lebtag.

**Aus Glas**

Manchmal denke ich mir irgendwas.
Und zum Spaß
denke ich mir jetzt, ich bin aus Glas.
Alle Leute, die da auf der Straße gehen,
bleiben stehen,
um einander durch mich anzusehen.
Und die vielen Kinder schrein:
Ei wie fein!
Jch, ich, ich will auch durchsichtig sein!
Doch ein Lümmel stößt mich in den Rücken.
Jch fall hin . . .
Klirr, da liege ich in tausend Stücken.
Ach, ich bleibe lieber, wie ich bin!

## Rätsel

Die Kinder haben Rätsel aufgeschrieben.
Wer kann sie erraten?

*Wer hat vier Beine*
*und kann nicht laufen?*

Tisch oder Stuhl

*Wer hat Zähne*
*und kann nicht beißen?*

Kamm

*Sag mir doch den Vogel an,*
*der seinen Namen rufen kann!*

Kuckuck

*Wie heißt das Ding dort an der Wand?*
*Es schlägt und hat doch keine Hand,*
*es hängt und geht doch fort und fort,*
*es geht und kommt doch nicht vom Ort.*

Uhr

## Kasper hat eine Jdee

| | |
|---|---|
| Kasper: | Kinder, seid ihr alle da? |
| Kinder: | Ja! |
| Kasper: | Kinder, ihr seid da, und der Kasper ist da. |
| Großmutter: | Und die Großmutter ist da. |
| Kasper: | Großmutter, soll ich's den Kindern verraten? |
| Großmutter: | Was denn? |
| Kasper: | Daß ich ein Lied gedichtet habe. |
| Großmutter: | So, du hast ein Lied gedichtet? Das hast du mir ja noch gar nicht gesagt. Was für ein Lied hast du denn gedichtet? |
| Kasper: | Ein schönes Lied. Kinder, soll ich es vorsingen? |
| Kinder: | Ja! |
| Kasper: | Kinder: paßt gut auf, damit ihr das Lied lernt. Und dann könnt ihr es den ganzen Tag singen, zu Hause, auf der Straße, in der Schule, in der Kirche. |
| Großmutter: | Kasper, wenn die Kinder das Lied in der Schule und in der Kirche singen sollen, dann muß es aber ein sehr schönes sein. |
| Kasper: | Es ist auch ein sehr schönes Lied. Hört zu:<br>Trallalla, ich bin stolz<br>auf meinen Kopf, der ist aus Holz!<br>Großmutter, war das ein sehr schönes Lied? |
| Großmutter: | Kasper, das hast du sehr nett gedichtet, aber ich glaube, für die Schule und für die Kirche paßt es doch nicht so gut. |
| Kasper: | Trallalla, ich bin stolz<br>auf meinen Kopf, der ist aus Holz!<br>Meinen Holzkopf gebe ich nicht her,<br>nicht für hunderttausend Mark.<br>So ein richtiger, fester Holzkopf ist etwas Wunderbares.<br>Wenn ein Holzkopf gegen einen anderen Holzkopf stößt, das klingt so herrlich.<br>Kinder, wollen wir mal unsere Holzköpfe zusammenstoßen? |

Großmutter: Aber Kasper, die Kinder haben doch gar keine Holzköpfe!

Kasper: Was haben denn die Kinder für Köpfe?

Großmutter: Bei den Kindern ist das so:
Die Köpfe sind wie eine Kammer.
Außen ist eine feste Wand. Und innen . . .

Kasper: . . . sind sie hohl.

Großmutter: Falsch geraten! Jnnen ist eine Menge.

Kasper: Jch kann mir gut denken, was.
Da weiß ich gleich ein anderes
schönes Lied für die Kinder:
Trallalla, ich bin froh,
in meinem Kopf ist Heu und Stroh.

Großmutter: Ganz und gar verkehrt! Jn den Köpfen der Kinder leben hunderttausend Gedanken. Mit den Gedanken können sie sich erinnern an das, was vor fünf Wochen und was vor einem Jahr war. Mit den Gedanken können sie vorauslaufen bis Weihnachten. Mit den Gedanken können sie sich die schönsten Geschichten ausdenken.

Kasper: Großmutter, ich habe eine Jdee. Jetzt spielt der Kasper den Kindern ein lustiges Kaspertheater. Dann haben die Kinder was zu lachen. Und wenn ihnen heute mein Kasperspiel gefallen hat, können sie sich später in ihren klugen Köpfen selbst neue Kasperspiele ausdenken, so viel sie wollen!

Großmutter: Das ist eine gute Jdee!

## Ferienkoffer

„Kinder, einsteigen, es wird Zeit!“
Der Wagen steht zur Abfahrt bereit,
bis obenhin ist der Kofferraum voll.
„Du meine Güte“, sagt Vater, „wo soll
denn dieser Riesenkoffer noch hin?“
Er hebt ihn auf. „Da ist ja nichts drin!“
„O doch“, sagt Kurtchen, „vorsichtig anfassen –
ich hab ihn voll Sonne scheinen lassen,
und wenn es mal regnet, dann machen wir schnell
den Koffer auf, gleich wird’s wieder hell.“

## Sommerhitze

Kinder, ist das eine Hitze!
Kinder, ist das heute heiß!
Nur zwei Sachen gibt's, die nützen:
Badengehen oder Eis.

Beides ist nicht zu verachten.
Wüßt' ich doch, was besser tät –
wenn man Eis kauft oder lieber
für das Geld ins Schwimmbad geht!

An 'ner Waffel lutsch' ich höchstens
zehn Minuten, das ist klar!
Doch wie kühlend ist es, wenn ich
lange Zeit im Wasser war!

Darum nur nicht lang gefackelt,
schnell die Badehose her!
Jst auch unser kleines Schwimmbad
leider nicht das große Meer.

Ah, was macht das Baden Freude!
Hitze? Pah, was stört uns die?
Und wir brausen, schwimmen, spritzen,
springen, tauchen wie noch nie.

Über Wasser, unter Wasser!
Nur recht kräftig Luft geschnappt.
Ja, sogar vom Brett zu springen,
hat heut endlich mal geklappt.

Morgen gehn wir wieder baden –
und der Winter ist so weit!
Sonnenschein und Wasserplanschen!
Herrlich ist die Ferienzeit!

## Alle Kinder dieser Erde

Alle Kinder dieser Erde
sind vor Gottes Angesicht
eine riesige Familie
ob sie's wissen oder nicht.

Der Jndianerbub im Westen
und aus China Li Wang-Lo
und der schwarze Negerjunge
und der kleine Eskimo.

Alle sind genau so gerne
froh und lustig auf der Welt,
freu'n sich über Mond und Sterne
unterm gleichen Himmelszelt.

## Kinderhände

Ein Holländerkind,
ein Negerkind,
ein Chinesenkind
drückten beim Spielen die Hände in Lehm.
Nun geh hin und sag, welche Hand ist von wem!

## Gebet für Kinder

Manche Kinder sind gelb und manche schwarz,
doch ich bin weiß.
Manche Kinder sind braun und manche rot,
doch ich bin weiß.

Aber ich bin nicht besser als sie,
und sie sind nicht besser als ich.
Wir sind aber Kinder von dir, lieber Gott.
Hilf uns, daß wir uns nicht hassen!
Hilf uns, daß wir uns verstehen!
Hilf uns, daß wir uns lieben!

# Jnhaltsverzeichnis



(Die mit * bezeichneten Gedichte sind zum Erlernen geeignet)

## Quellennachweis

**Karl Arnold**
Löwenzahn. S. 83
Aus: Karl Halfar (Hrsg.): Gebete, Lieder, Gedichte, Sprüche und Rätsel. München: Bayerischer Schulbuch-Verlag 1970

**Hans Baumann**
Der große Beißer. S. 76
Aus: Hans-Joachim Gelberg (Hrsg.): Geh und spiel mit dem Riesen. Erstes Jahrbuch der Kinderliteratur. Weinheim: Beltz (Programm Beltz & Gelberg)

Ferienkoffer. S. 106
Aus: Hans Baumann: Wer Flügel hat, kann fliegen. Reutlingen: Ensslin & Laiblin

Kinderhände. S.109
Aus: Ebd.

**Max Bolliger**
Das böse Wort. S. 70
Aus: Hans-Joachim Gelberg (Hrsg.): Die Stadt der Kinder. Recklinghausen: Georg Bitter

Was uns angst macht – was uns die Angst nimmt. S. 73
Aus: Ebd.

**Herbert Erdmann**
Die kleine Fußballmannschaft. S. 17
Aus: Hans-Joachim Gelberg (Hrsg.): Die Stadt der Kinder, a. a. O.

**Jrmgard von Faber du Faur**
Vogel im Käfig. S. 89
Aus: Jrmgard von Faber du Faur: Liebe Welt. Aarau: Sauerländer

**Maria Ferschl**
Advent. S. 26
Aus: Das Weihnachts-Singbuch 2. Freiburg: Christophorus

**Klaus Franken**
Zahnweh. S. 64
Aus: Witzbuch für Jungen. München: J. Pfeiffer

**Jacob und Wilhelm Grimm**
Die Sterntaler. S. 102
Aus: Kinder- und Hausmärchen. Gesammelt durch die Brüder Grimm. Göttingen: Dieterichsche Buchhandlung, 7. Auflage 1857

**Josef Guggenmos**
Aus Glas. S. 102
Aus: Hans Joachim Gelberg (Hrsg.): Die Stadt der Kinder, a. a. O.

Der Nußknacker. S. 40
Aus: Josef Guggenmos: Was denkt die Maus am Donnerstag? Recklinghausen: Georg Bitter

Der Regenbogen. S. 82
Aus: Ebd.

Die Kastanie. S. 15
Aus: Josef Guggenmos: Jch läute den Frühling ein. Recklinghausen: Georg Bitter

Kasper hat eine Jdee. S. 104
Aus: H. M. Denneborg (Hrsg.): Das große Kasperlebuch. München: Annette Betz

Mein Ball. S. 69
Aus: Hans-Joachim Gelberg (Hrsg.): Die Stadt der Kinder, a. a. O.

Vorm Fenster. S. 37
Aus: Josef Guggenmos: Ein Elefant marschiert durchs Land. Recklinghausen: Georg Bitter

Weihnacht. S. 28
Aus: H. Frank u. a. (Hrsg.): Pinguinträume und andere Gedichte. Seelze: Friedrich

Wenn ein Auto kommt. S. 9
Aus: Josef Guggenmos: Was denkt die Maus am Donnerstag?, a. a. O.

**Werner Halle**
Wenn wir fahren. S. 96
Aus: Werner Halle: Bilder und Gedichte für Kinder. Braunschweig: Westermann

**Luise Hensel**
Müde bin ich. S. 61
Aus: Karl Halfar (Hrsg.): Gebete, Lieder, Gedichte, Sprüche und Rätsel, a. a. O.

**Wilhelm Hey**
Wie fröhlich bin ich aufgewacht. S. 60
Aus: Wilhelm Hey: Fünfzig Fabeln für Kinder. Dortmund: Harenberg Kommunikation

**Helga Höfle**
Peter sammelt die Zeit. S. 63
Aus: Helga Höfle: Das gestreifte Krokodil Emil. Recklinghausen: Georg Bitter

**Maria Horváth**
Wenn ich groß bin. S. 59
Aus: Maria Horváth: Wenn ich groß bin. München: Annette Betz

**Bettina Hürlimann**
klein und Groß. S. 56
Aus: Bettina Hürlimann: klein und Groß. Freiburg: Atlantis

**Jlse Kleberger**
Gebet für Kinder. S. 109
Aus: Hans-Joachim Gelberg (Hrsg.): Die Stadt der Kinder, a. a. O.

**Ernst Kreidolf**
Nebel verhüllt die Welt. S. 24
Aus: Karl Halfar (Hrsg.): Gebete, Lieder, Gedichte, Sprüche und Rätsel a. a. O.

**James Krüss**
Am Tage von Sankt Barbara. S. 25
Aus: James Krüss: Der wohltemperierte Leierkasten. Gütersloh: Bertelsmann

Das Leben. S. 23
Aus: Ebd.

Marmelade, Schokolade. S. 33
Aus: Ebd.

**Werner G. Mayer**
Allein. S. 79
Aus: Neue Fahrt. Düsseldorf: Bagel

**Christian Morgenstern**
Die drei Spatzen. S. 30
Aus: Christian Morgenstern. Gesammelte Werke. Hrsg. von Margareta Morgenstern. München: Piper

**Gina Ruck-Pauquèt**
Jn meinem Haus. S. 78
Aus: Gina Ruck-Pauquèt: Kindergedichte. Ravensburg: Ravensburger Buchverlag Otto Maier

**Sappho**
Der Apfel. S. 13
Aus: Griechische Lyrik. Leipzig: Jnsel

**Hans Stempel**
Pst! S. 98
Aus: Hans Stempel u. a. (Hrsg.): Purzelbaum. München: Ellermann

**Christel Süßmann**
Der kleine Angeber. S. 57
Aus: Christel Süßmann: Hallo, hier Kinderlandhausen. Stuttgart: Boje

Sommerhitze. S. 107
Aus: Ebd.

**Leo N. Tolstoij**
Die Ameise und die Taube. S. 91
Aus: Leo N. Tolstoij: Volkserzählungen. Stuttgart: Reclam

**Karl-Heinz Weise**
Die Reise zum Mond. S. 99
Aus: Karl-Heinz Weise: Was Kinder gerne hören. München: Südwest

**Ursula Wölfel**
Baustelle. S. 77
Aus: Ursula Wölfel: Wunderbare Sachen. Düsseldorf: Schwann

Die Geschichte von der Dreh-Hops-Wipp-Tute-Maschine (gekürzt). S. 101
Aus: Ursula Wölfel: 27 Suppengeschichten. Stuttgart: Hoch Verlag

Die Geschichte vom lächelnden Bahnbeamten. S. 97
Aus: Ursula Wölfel: 29 verrückte Geschichten. Stuttgart: Hoch Verlag

Jm Garten (gekürzt). S. 80
Aus: Ursula Wölfel: Wunderbare Sachen, a. a. O.

Meine liebe Mutter, du S. 72
Aus: Ebd.

## Lieder

Laßt uns froh und munter sein S. 25
T und M: mündlich überliefert

A, a, a, der Winter, der ist da S. 31
T und M: mündlich überliefert

ABC-Lied S. 55
T und M: mündlich überliefert